Los tiburones duende

Grace Hansen

ANIMALES ESPELUZNANTES

Abdo Kids Jumbo es una subdivisión de Abdo Kids
abdobooks.com

abdobooks.com

Published by Abdo Kids, a division of ABDO, P.O. Box 398166, Minneapolis, Minnesota 55439. Copyright © 2022 by Abdo Consulting Group, Inc. International copyrights reserved in all countries. No part of this book may be reproduced in any form without written permission from the publisher. Abdo Kids Jumbo™ is a trademark and logo of Abdo Kids.

Printed in the United States of America, North Mankato, Minnesota.

102021
012022

THIS BOOK CONTAINS RECYCLED MATERIALS

Spanish Translator: Maria Puchol

Photo Credits: Alamy, AP Images, BluePlanet Archive, Granger Collection, iStock, NHPA/Photoshot, Science Source

Production Contributors: Teddy Borth, Jennie Forsberg, Grace Hansen
Design Contributors: Dorothy Toth, Pakou Moua

Library of Congress Control Number: 2021939788
Publisher's Cataloging-in-Publication Data

Names: Hansen, Grace, author.
Title: Los tiburones duende/ by Grace Hansen
Other title: Goblin sharks. Spanish
Description: Minneapolis, Minnesota: Abdo Kids, 2022. | Series: Animales espeluznantes | Includes online resources and index
Identifiers: ISBN 9781098260743 (lib.bdg.) | ISBN 9781098261306 (ebook)
Subjects: LCSH: Goblin shark--Juvenile literature. | Sharks--Behavior--Juvenile literature. | Marine fishes--Behavior--Juvenile literature. | Curiosities and wonders--Juvenile literature. | Spanish language materials--Juvenile literature.
Classification: DDC 596.018--dc23

Contenido

El tiburón duende 4	Glosario 23
Alimentación 18	Índice 24
Crías de tiburón duende 20	Código Abdo Kids 24
Más datos 22	

El tiburón duende

El tiburón duende se encuentra por los océanos Atlántico, Pacífico e Índico. Pasan la mayoría de su tiempo en lo más profundo del océano. Por esta razón raramente pueden verse.

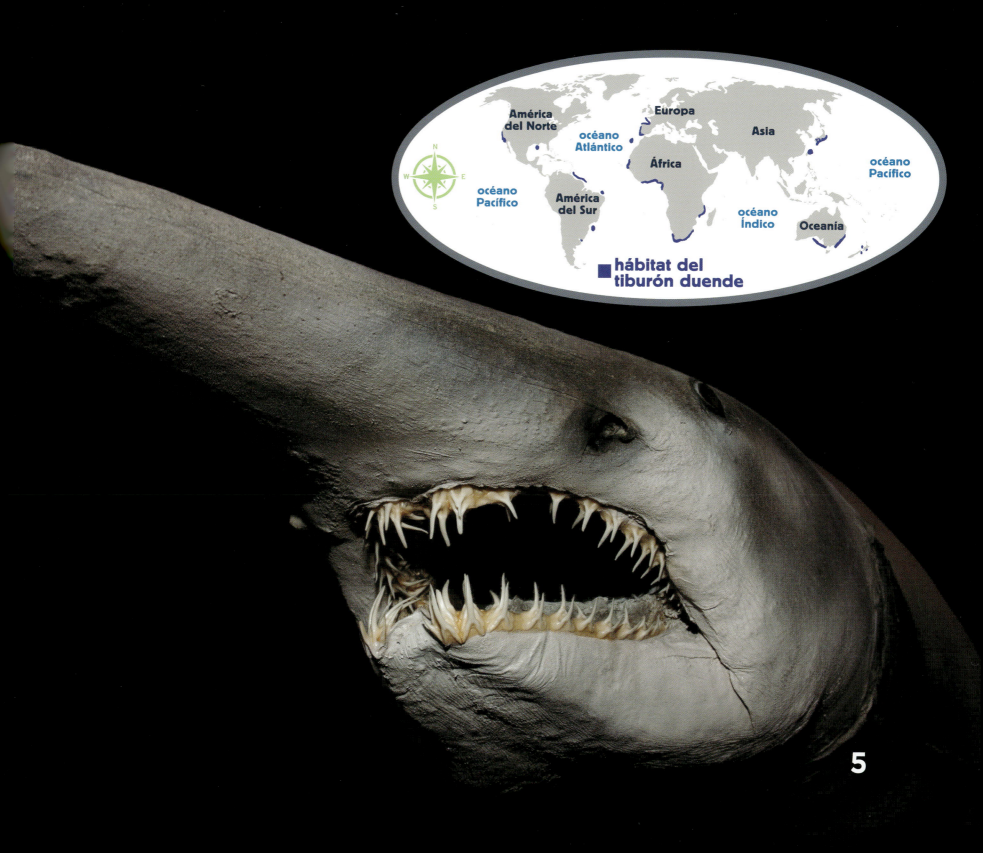

En la costa de Japón es donde más se han avistado tiburones duende. Estos tiburones se parecen mucho a los duendes que aparecen en el **folklore** japonés. De ahí proviene su nombre.

¡Los tiburones duende son simplemente aterradores! Su cuerpo es blando y flácido, aunque grande. Pueden llegar a medir 12 pies de largo (3.7 m) y pesar 460 libras (209 kg).

9

Es de color rosáceo porque su piel es casi transparente. Ese tono rosa es por el color de los **vasos sanguíneos**.

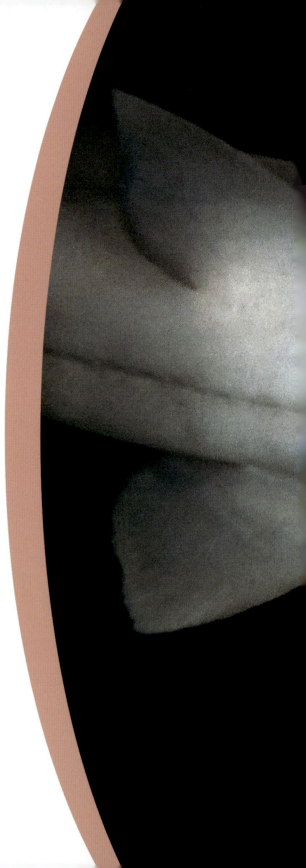

Los tiburones duende tienen un **hocico** largo y plano. Está recubierto de unos órganos especiales.

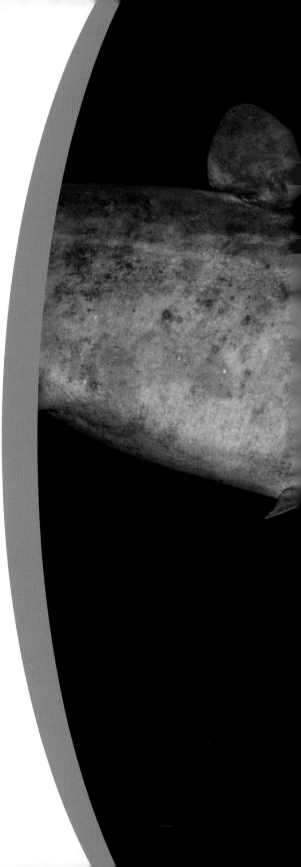

13

El **hocico** del tiburón duende está lleno de receptores **sensibles**. Los usa para buscar **presas** en lo profundo y oscuro de su hábitat.

15

El tiburón duende tiene filas de colmillos. Puede sacar la mandíbula de la boca 3 pulgadas (7.6 cm). Así caza a sus **presas**.

Alimentación

A estos tiburones les gusta comer peces óseos, calamares y **crustáceos**. Probablemente comen en lo profundo del océano, cerca del fondo marino.

Crías de tiburón duende

Los científicos no saben mucho de su **reproducción**. Las hembras dan a luz a unas pocas crías. Los recién nacidos son capaces de cazar desde que nacen.

Más datos

- Los tiburones duende viven a por lo menos 4,200 pies de profundidad en el océano (1,280 m).

- Los dientes en la parte de atrás de la boca son más pequeños. Los usan para triturar las **presas** que cazan.

- No les caben todos los dientes en la boca, ¡eso los hace aún más horribles!

Glosario

crustáceo – animal con concha dura articulada, por ejemplo los cangrejos y langostas.

folklore – forma de vivir e historia de la gente de un lugar o país concreto.

hocico – parte frontal y saliente de la cabeza de un animal.

presa – animal que es cazado para ser comido por otro animal.

reproducción – acto o proceso de procrear o tener crías.

sensible – capaz de percibir sensaciones muy bien.

vasos sanguíneos – finos tubos en el cuerpo por los que corre la sangre.

Índice

alimento 14, 16, 18

boca 16

caza 14, 16, 20

color 10

crías 20

cuerpo 8

dientes 16

hábitat 4, 14

hocico 12, 14

Japón 6

océano Atlántico 4

océano Índico 4

océano Pacífico 4, 6

piel 8, 10

tamaño 8

¡Visita nuestra página **abdokids.com** para tener acceso a juegos, manualidades, videos y mucho más!

Los recursos de internet están en inglés.

Usa este código Abdo Kids

SGK2521

¡o escanea este código QR!